흐미, 초원의 노래

흐미, 초원의 노래

최은희 시조집

열린출판

■ 서문

최은희 시조집 『흐미, 초원의 노래』

一常 金光洙 (시조시인)

  최은희 시인이 그동안 심혈을 기울여 창작한 시조를 엮어 첫 시조집 『흐미, 초원의 노래』를 세상에 내어놓는다. 참 반가운 일이다.

  최은희 시인은 대학에서 성악을 전공한 재원才媛으로 도미유학渡美留學을 다녀온 뒤에 자유시로 등단하였으나 오랜 전통과 숨결을 이어 온 우리 민족의 순정純正한 정서를 진하게 머금고 있는 시조의 단아端雅한 멋과 맺고 끊는 내재율內在律의 기법에 매료魅了되어 3장6구의 형식에다 삶에 관한 사유思惟를 진솔하게 담아내고 있다.

  이 시조집에 수록된 작품들을 보면 누구나 확연히 느낄 수 있겠지만 최 시인은 천부적인 시재詩才를 유감없이 발휘

하는 언어술사로서 심미적 체험을 형상화하는 솜씨가 상당히 뛰어나 보인다.

시인으로서의 소명의식과 사명감 또한 철저하다. 작품의 질적 수준을 변별하는 안목과 감상력도 뛰어난데다 현실생활에 있어서도 스스로 주어진 사명을 다하려고 노력하는 삶의 자세를 견지하고 있다.

다시 말해서 최 시인은 이상과 현실을 넘나들며 안에서 발효醱酵하듯 끓고 있는 열정과 댓잎 같은 신념으로 접하는 사물事物, 느끼는 감정感情을 진솔하게 형상화하는 기법이 예리하며 남들이 접근하지 못한 미지未知의 영역으로 시적 안목을 넓혀가고 있다.

마치 광활한 신대륙을 발견한 개척자가 점유한 영토에서 금맥을 발굴하듯 참신한 시의 소재素材를 채취하여 개성이 녹아 있는 시조로 승화昇華시키고 있다.

초원에 터를 잡은 바람의 아들딸이
목울대에 깊이 박힌 심연深淵의 소리 뽑아
대륙에 아침을 연다,
제국의 그날처럼

나직하되 굵은 목청 말발굽을 일으키며
갓난아기 살찌우는 유르트**속 자장가
청청한 하늘 소리는 범접 못할 울림이다.

달려도 지치지 않는 지상의 모든 것들
　　시나브로 흐려지는 몽고반점 다독이며
　　또 한 번 사자후 토할
　　칭기즈칸 부른다.
　　　　　　　　　　　　「흐미*, 초원의 노래」 전문

　최 시인의 시세계는 대체로 대륙의 지배자처럼 자신이 취택한 소재를 자유자재로 다루는 서정의 바탕에서 비롯되고 있다. 서정을 바탕으로 하지 않은 시가 존재할까마는 거칠고 험악한 인간사나 자연풍광도 밝고 희망차게 구사하는 솜씨가 예사롭지 않다.
　이 작품에서 눈길을 끄는 것은 눈앞에 전개되는 시적 공간이 한 없이 광활하며 행간에 묻어 둔 내포의 의미가 매우 크고 웅장하다는 점이다.
　열일곱 어린 나이에 수많은 부족部族을 거느리고 중원中原을 제패制霸한 칭기즈칸의 천의무봉한 기상을 파노라마처럼 펼쳐 보이고 있으며, 시인의 직관적 감각과 번뜩이는 혜안이 예사롭지 않음을 여실히 보여주고 있다.
　따라서 작품 전반全般에 활기차고 장대한 사나이의 기개가 넘쳐흐르고 있는데.

　　　"대륙에 아침을 연다. 제국의 그날처럼"

　이 대목에 이르면 실로 웅대하고 장엄한 광경이 눈앞에

펼쳐지며 비장감마저 밀려든다. 지축地軸을 흔드는 병마兵馬의 말발굽소리에 초원草原이 온통 들썩이는 것 같기도 하다.

이처럼 호쾌豪快한 내재율로 인하여 이 시조는 사내 중에서도 아주 기질이 호방하고 용맹한 무장武將이나 호걸풍豪傑風의 사내가 구축한 시세계일 것으로 예단하거나 착각할 수 있을 것이다. 작품 어디에서도 여성성女性性을 느낄만한 뉘앙스나 여전사女戰士 혹은 여장부女丈夫와 유사한 이미지를 추상하거나 감지할 소재를 발견하기가 어려운 까닭이다.

"나직하되 굵은 목청 말발굽을 일으키며"

더 없이 묵중하고 호쾌한 거동으로 건국의 깃발을 달고 대륙에 아침을 여는 역사적 순간에 조용히 울려나오는 "유르트 속 자장가"는 그야말로 범접 못할 "청청한 하늘 소리" 그것이다. 태초의 모성母性처럼 고결하고 숭엄한 기풍氣風이 서려 있는 그 소리는 진정 맑디맑은 영혼의 울림이며 가슴 깊이 심연深淵으로 빠져드는 감동의 울림이다.

"또 한 번 사자후 토할 칭기즈칸 부른다."

이는 날로 어지러워지고 있는 사회 현실에 대한 개탄의 의미를 상징적으로 표현한 것이다. 우리가 당면한 오늘처럼 혼란스럽기 짝이 없는 세상에 칭기즈칸과 같은 위정자가 나타나 이 산하를 안정적으로 다스림이 절실하다는 심사를 비유적으로 나타낸 것이다.

> 펄펄 끓는 뚝배기 속 한 사내가 누워있다.
> 연해주, 캄차카를 한류 타고 넘나들며
> 얼붙은 겨울 바다를 맨살로 누비더니
>
> 거센 물살 휘감아도 지느러미 곧추세워
> 이역만 떠돌다가 살아서는 못 본 고향
> 회한 찬 카레이스키 눈빛마저 애섧다.
>
> 「대구탕」 전문

끓는 뚝배기에 담긴 대구탕의 생선 한 토막을 의인화하여 읽는 이의 심금을 울리는 것도 심중에 고여 있는 연민의 정에서 우러난 영혼의 속삭임이 애달프고 서럽기 때문일 것이다.

뚝배기에 담겨있는 한 토막 대구는 그대로의 대구가 아니다. 약소민족의 비애 어린 과거사의 한 토막을 상징적으로 비유한 것이다. 그는 이러한 민족적 비사悲史를 시조로 형상화形象化하여 눈물겹도록 애달픈 비탄悲嘆을 쏟아내기도 하였다.

연해주, 캄차카반도에서 고국산천을 그리며 회한 찬 삶을 영위하다가 살아서는 돌아오지 못하고 죽어서도 돌아올 기약이 없는 카레이스키의 한 맺힌 생애를 매우 애상스럽게 형상화한 작품이다.

　위의 두 작품에서 보듯이 최은희 시인은 참신하고 싱그러운 현대적 감각으로 생경한 느낌이 들만큼 낯선 이방의 풍정風情을 펼쳐 놓는다.

　「월광 소나타」, 「실낙원 패러독스」, 「카레이스키 환상곡」 이러한 시제만으로도 그가 어떠한 대상을 시적으로 승화시키고 있는가를 넉넉히 짐작할 수 있다.

　이 시조집에 수록된 작품들에서 알 수 있듯이 최은희 시인은 특이한 소재뿐 아니라 흔히 접할 수 있는 평범하고 보편적인 소재도 시적 안목으로 잘 갈무리하고 있으며 날로 사색의 깊이를 더해가고 있다. 시작詩作에 임하여는 시조가 지닌 정형의 틀에 맞추어 적절한 표현과 묘사로 내재율의 품격을 알차게 꾸미고 있다.

　이러한 점을 미루어 보더라도 최 시인은 장차 품격 높은 작품으로 독자들에게 큰 감동을 안겨줄 것으로 믿어 의심치 않는다.

　초지일관하여 앞으로 더욱 부지런히 갈고 닦아 보다 성숙된 작품 구조와 표현의 우아미 등으로 시인에게 주어진 소명을 다하길 바라는 동시에 시조집 출간을 진심으로 축하하며 이만 무사蕪辭를 접는다.

2019년 盛夏의 季節

■ 차례

■ 서문: 최은희 시조집 『흐미, 초원의 노래』
　　/김광수__5

제1부 빅토리아 연꽃

피에타 __ 19
처서, 레퀴엠 __ 20
지음知音을 위하여 __ 21
곶감 __ 22
지금 이 순간 __ 23
적상산赤裳山 __ 24
아버지 __ 25
휘청거리는 하루 __ 26
거울아, 거울아 __ 27
훔쳐본 신의 생각 __ 28
외바퀴 __ 29
산티아고 순례길에서 __ 30
빅토리아 연꽃 __ 31
E장조의 가을 __ 32
발해를 가다 __ 34
한여름 밤의 꿈 __ 35
해진 살점을 깁다 __ 36
알파고에게 __ 38
슬픈 발가락 __ 39

제2부 **계백을 찾아서**

계백을 찾아서 __ 43
테레즈에게 __ 44
텅빈 샌프란시스코 __ 46
칼잡이 __ 47
크리스마스섬의 성탄제 __ 48
팽목항 __ 50
나누면 커질까 봐 __ 51
철원, DMZ를 가다 __ 52
촛불 __ 54
지노귀굿 __ 55
잘츠부르크에서 __ 56
유랑의 노래 __ 57
바람의 랩소디1 __ 58
외날개 __ 59
보수동 책방골목 __ 60
오늘, 나 __ 62
수정처럼 밝은 밤 __ 63
옥희 생각 __ 64
여름 3제 __ 66

제3부 호미, 초원의 노래

어떤 하루 __ 71
양간지풍襄杆之風 __ 72
아버지의 난분 __ 73
아침 레시피 __ 74
강진, 동문주막 __ 76
호미, 초원의 노래 __ 77
아우라 __ 78
아버지의 출산 __ 79
실낙원 __ 80
실낙원 패러독스 __ 81
시조 __ 82
잉어처럼 __ 83
널 그리며 __ 84
시인·1 __ 85
목이 긴 민들레 __ 86
세월호 인양 일지 __ 87
빅토리아 목련 __ 88
비, 광시곡狂詩曲·1 __ 89
비, 광시곡狂詩曲·2 __ 90

제4부 매미의 레퀴엠

아라비안나이트 __ 93
봄, 꿈 __ 94
발바닥에게 __ 95
어둠의 미로 __ 96
월광 소나타 __ 98
어미[母] __ 99
모차르트와 브런치를 __ 100
요셉성당 앞 아기상자 __ 101
머슴 __ 102
슈만의 클라라 __ 104
매미의 레퀴엠 __ 105
록산느의 탱고 __ 106
두루미의 사부곡思夫曲 __ 107
동지冬至에 __ 108
꿀벌의 비행飛行 __ 109
내 안의 너 __ 110
날다, BTS __ 111
대구탕 __ 112

제5부 **별의 노래**

달래 혹은 애인 __ 115
달, 이지러지다 __ 116
동백 앞에서 __ 118
별의 노래 __ 119
꿈·2 __ 120
오늘, 혹은 __ 121
두 영웅 __ 122
두 개의 슬픈 선율 __ 124
게와 아이들 __ 126
2월, 비엔나 __ 127
가을, 그리운 __ 128
가시버시 __ 129
가는 잎 할미꽃 __ 130
空·2 __ 131
DMZ, 하늘을 품다 __ 133
오려나, 봄은 __ 135
베아트리체를 위한 발라드 __ 136
카레이스키 환상곡 __ 137

■평설: 그리움, 그 싱그러운 생명의 울림
　　　/이석규 __ 139

제1부
빅토리아 연꽃

피에타*

내 안에
내리는 비는
고이기만 하는구나.

몇 번의 절망을 더
넘어서야 끝이 날까.

마음 밭
일구지 못하는
마음보를 돌보소서.

* pieta; '슬픔' '비탄' 등을 뜻하는 이탈리아어. ('자비를 베푸소서')

처서, 레퀴엠

여름의 등성이가
찬 이슬에 젖어간다.

하소하듯 절규하듯
어둠 찢는 울음소리

매미도
떠나나 보다,
빈집만 남은 철거촌을.

지음知音을 위하여

천년을 살고 나도 그 자리 그 삶일까

너와 나 기억마저 모래알로 부서져도

뜨거운 가슴 한 구석 변치 않을 노래여.

곶감

햇살을
얇게 저며 은사銀絲를 입히듯이

조선 도공
그 손길로 가을을 다듬으면

구름 빛
품은 꿀통이
달 항아리로 다시 설까.

지금 이 순간

쌓고 쌓은 상자 같은
이십삼 층 아파트가

몸집 크기 똑같은데
번호판만 다르구나

문 안에
웅크린 애기
대하소설 쓰는 세상.

적상산 赤裳山

한가락 소소리 바람 산모롱이 휘돌아서

아낙네 허리춤에 가을을 내려놓고

두 계절 쌓인 이야기 밤새도록 토해낸다.

어릴 적 엄마 치마, 스무 살 내 입술이

새빨간 음표 되어 춤을 추며 행진할 때

나무들 강강수월래 산울림을 짓고 있다.

아버지

세 뼘 네 뼘 깊어진 어둠 별빛도 잠든 새벽

땅끝에 버려진 듯
혼자인 나의 곁에

눅진한 아버지 향기
온 밤을 다 적신다.

앞뜰에 가득 뻗은 라일락꽃 그늘 아래

곰삭은 속엣말로
구메구메 짓던 얘기

오늘 또 그에게 잡혀
날 새도록 듣고 있다.

휘청거리는 하루

무겁게 내리덮는
자욱한 안개 따라
떠나 온 멀고 먼 길 되돌아 가는 여정
그제야
세상 만물이 홰를 켠 듯 다가선다.

온종일 겨를 없이
휘적대며 걷다 보면
어깨 위 배낭마저 벗지 못한 짐이던가
또다시
가슴속에는 굵은 비가 내린다.

발 딛고선 이 지상이
허방인지 허공인지
한 치도 분간 못 할 아득한 경계 앞에
가진 것
모두 버리고 훨훨 날고 싶어라.

거울아, 거울아

내 귓불은
비바람에 시달린 돌이던가

내 콧등은
장작불에 그을린 풀뿌린가

외딴집 툇마루 끝인 양
뒤틀리고 삐걱댄다.

설익은
헤어짐에 뎅그런 내 가슴은

기우고
덧대어도 허기로운 내 속살은

아마존 정글 숲인 양
더듬으며 헛디딘다.

훔쳐본 신의 생각

우주 안에 하나뿐인
천상 궁전 지어 놓고

에워싼 성곽 문에
내걸은 자궁子宮 현판

열 달간
신성을 받아
아담의 몸이 된다.

외바퀴

바람도 몸을 떠는
엄동의 산자락에
살 에는 그리움이
도리질을 하고 있다
누굴까
숲의 심장을
이토록 저미는 이

짐승의 울음마저
침묵에 드는 시간
내 안의 나무들만
메숲진 길목에서
굴리는
기억의 바퀴
너에게로 가고 있다.

산티아고 순례길에서

그리움이 앉아 있다.
쉬땅나무 꽃잎 위에
해묵은 체증되어
짓누르는 네 빈자리
평평히
펼쳐진 들판
어디에도 너는 없다.

얼레 줄 끊어진 연
한참을 바라보다
무겁게 걸어가는
굽어져 휘어진 길
긴 시간
탑돌이 하며
등이 굽은 사람들.

빅토리아 연꽃

저물녘
연잎 위에
내려앉은 청와 선사靑蛙禪師

꽃등을 밝혀 놓고
장좌불와長坐不臥 수행하며

연못에
빠진 우주를
건지려고 하누나.

E장조의 가을

가을엔 나무들도
그늘이 더 깊어진다
놀빛에 흠뻑 젖은
애절한 슬픔들이
홀로된
나를 데리고
레테의 강 기웃댈 때

낯설었던 어제마냥
두려운 내일 와도
숨죽은 들판 위에
붉은 꽃잎 피어나듯
포르릉
홍방울새가
새날 다시 끌고 온다.

이 계절 다 가도록

네게 묶인 E장조
구절초 꽃술에다
음표처럼 달아놓은
반음계
가을이 간다,
엉킨 시간 풀어 놓고.

발해를 가다

바람과 눈비마저
비단 폭을 펼치던 곳
발해금渤海琴 둥기둥기
골골마다 출렁이면
심장 속
푸른 박동이
땅거죽을 흔들었다.

널따란 주작대로*
지워진 발자국이
수막새에 들어앉은
연꽃잎 더듬을 때
시커먼
황사 먼지가
발해만을 건넌다.

* 발해 수도 상경에 있었던 큰 도로.

한여름 밤의 꿈

병풍 속
꽃잎 한 개
떼어다 숨을 불어

진종일 그러안고
연거푸 토렴하면

진홍빛
니르바나 향
온 우주를 짓고 있다.

해진 살점을 깁다

아도啞陶*를
백 개쯤은
그에게 보낼거나

분별없이 놀아나는
혀 가락을 다시 살펴

홀로는
지우지 못할
불도장을 찍는 밤.

어디부터
시작일까,
돌아보는 내 발자국

허공에 흩어버린
말의 홀씨 불러보면

윗입술

아랫입술이

너와 나의 살피 같다.

* 입은 찢어지고 눈은 감긴 얼굴 모양의 주먹만한 질그릇. 이방원이 정도전을 시켜 만든 것으로 '말조심 하라'라는 경고의 의미를 담고 있다.

알파고에게

뜸들은 현미 밥맛
구수함 알고 있니.

취나물 고소한 맛 먹어 본 적 없잖아.

밤하늘
별 이야기를 들어본 적 있을까.

나 보다 더 멋지게
시조를 쓸 수 있고

세돌*을 기죽이며 기세등등 하겠지만

수담手談에
오가는 정을 느껴볼 수 있을까.

* 이세돌 9단.

슬픈 발가락

신데렐라 기다리는 뎅그런 헝겊 구두
하늘 향해 손 모으던 지난날 내려놓고
휘어져
미늘 같은 발 마루판을 구른다.

땀방울을 마중물로 온 몸 적신 하루하루
눈물과 웃음마저 허공에 뿌리면서
쪽빛 꿈
한 끝을 잡고 두 팔 벌려 뛰오른다.

매듭과 매듭 사이 총총대며 길을 찾아
못난이 마디마다 부르트고 박힌 옹이
꼿꼿한
아라베스크* 하나둘 산이 선다.

* 몸을 반듯이 세우는 발레의 자세.

제2부
계백을 찾아서

계백을 찾아서

어둑해진 수락산을 한달음에 올라선다.
순하게 엎드린 들판 먼눈으로 더듬을 때
자동차 불빛 몇 점이 인광처럼 반짝인다.

해거름 땅거미에 점령당한 황산벌판
그날의 피와 눈물 저 땅은 기억할까.
말없이 저물어 가는 야사 한 끝 잡고 있다.

언 땅을 갈아엎고 황금 물결 재촉하듯
기 빠진 술지게미 발효를 기다리듯
솟구쳐 파닥거리는 아침 해 보고 싶다.

테레즈*에게

까마귀 한 마리가 날개 죽지 버둥대며
칠월의 먹빛 밤에
몸을 낮춰 날고 있다.
올올이
제 빛을 잃고 깃털 하나 남았나.

살같이 내지르다 뒤엉킨 별똥별이
짓무른 가슴앓이
벼린 칼로 도려내고
근육질
파란 결기로 거듭 나라 등 떠민다.

날 새워 기다려도 너의 집 창가에는
무음無音의 노래만이
발갛게 일렁이고
서둘러
내 흰 손가락이 오선지를 당긴다.

새벽이 큰 울음을 토하고 숨어들면
부서진 실핏줄로
써 내려간 세레나데
짝 버들
잎새에 얹어 너에게로 보낸다.

* 슈베르트가 사랑한 여인

텅 빈 샌프란시스코

아버지 그예 그만 흙으로 돌아간 날
그분의 보호수樹던 아름드리 아보카도
온몸에 물기 마르며
덩달아 눈 감았다

희뿌연 숲속에서 빠져나온 까만빛이
차가운 몸 곁에 앉아 밤 도우며 날을 샌다.
한 가닥 바람을 담아
뱉어내는 속울음

언제나 함께 보던 날들을 그러안고
자욱한 향불 속에 원왕생 축원할 때
두 거목 스러진 자리
바람만 허허롭다.

칼잡이

열 몇 해 버둥대다 군살 박힌 손마디를

어기차게 솟구치는 토실한 꿈이 있다.

칼을 든 팔뚝 힘줄도 꿈틀대며 일어선다.

반듯한 도마 향해 두 손을 모아들면

도미도 미나리도 제물인 양 엎드리고

앞치마 너른 품 안에 미슐랭* 별 그린다.

* '미식가들의 성서'라 일컬어지는 프랑스 타이어 회사
　'미슐랭'이 매년 발간하는 레스토랑 평가서.
　별의 개수로 등급을 표시하는데, 별 세 개가 가장 높다.

크리스마스섬*의 성탄제

몸 풀 곳 찾으려고
줄 잇는
어미 홍게

먹히고 짓밟혀도
멈춤 없이
가는 여정

파도는
불룩한 배를
간단없이 허문다.

잘려나간 외발 집게
더운 숨결
버거워도

물살에 몸을 푸는

저 거룩한

안간힘들

피로 쓴

생명의 축제

불꽃보다 뜨겁다.

*인도양에 있는 오스트레일리아령(領) 섬.

팽목항

산호빛 꽃망울이
떠 있는 핏빛 물결

혁진이 파란 꿈이
절어 있는 바다 깊이

퍼즐을
못 맞춘 시계가
그 시간을 쥐고 있다.

나누면 커질까 봐

식은 밥 물에 말아
보고 또 바라보며

불어터진 밥 알갱이
혀끝으로 굴리다가

삼킨다,
서로 나누면
더 큰 슬픔 씹힐까 봐.

철원, DMZ를 가다

몸통에 선명하다
태극 같은 청홍 무늬
햇살 품은 직박구리
윤기 나는 날갯짓에
연둣빛
잎 돋는 가지
너울대며 춤을 춘다.

티끌 하나 묻지 않은
꽃잎을 활짝 벌려
얼레지 솜나물도
기지개 켠 봄날 아침
때 이른
호박벌 소리
사이렌을 켠 듯하다.

다리 위 바리케이드

지켜선 무장군인
무심한 구름 몇 장
넘어가는 철조망엔
핏물 밴
붉은 리본이
견장처럼 달려있다.

촛불

눈물로 바친 사랑
열반에 든 사리인 양

언제 죽을는지
알지도 못하면서

아무런
바람도 없이
널 지키려 불사른다.

지노귀굿*

그대가 내 숨 안에
조붓이 들어앉아
휘도는 물줄기로
더운 손길 나누었지
더디고
염치없던
때를 비워낸다, 말갛게.

달도 이운 이승 자락
줄지은 삼보일배
저승길 채근하는
자진모리 춤사위에
바람도
질주를 멎고
지켜본다, 가만히.

* 경기지방에서 사람이 죽은 뒤에 하는 굿

잘츠부르크에서

눈앞에 어른대다
슬며시 곁에 와서
세포 속 주름 사이
들어앉은 모차르트

허기진 시간을 꺼내
노릇노릇 굽는다.

신들린 깃털 펜이
지어낸 음표의 뜰
밤의 여왕 아리아*가
온몸을 휘감으면

그늘진 골목길마다
눈부시다, 태양보다.

* 모차르트의 오페라 '마술피리'에 나오는 노래.

유랑의 노래

척박한 토양에도 숨어 핀 꽃이 있다.
아리랑 노랫가락 목숨인 양 그러안고
설원에 나무로 서서 기다리는 고향의 봄

그 누굴 원망하랴, 떠돌기도 벅찬 세월
젖은 눈 끔벅이며 언 땅을 쪼고 쪼아
곳간에 벼 보리 감자 가득가득 채웠다.

버려진 중앙아시아 넓고 넓은 산과 들을
백 년 넘게 휘저셔 온 우리 노래 아리랑
고려인 멍든 가슴에 무궁화로 피어 있다.

바람의 랩소디 1

한 사내가 떠나간다,
다리 없는 강을 건너

몰아치는 비바람에
집도 절도 앗긴 세월

가붓이
내딛는 걸음
회심곡이 싸고 돈다.

외날개

가느단 날개 하나
왼 어깨에 돋아있다.
한 뼘쯤 짧고 좁은
서러운 반쪽짜리
아침을
얹을 수 있나
저녁을 질 수 있나

두 날개 그대보다
헐겁고 더 느려도
뼈 시린 엄동이나
칼바람 세밑에도
어둠을
가로지르며
하얗게 날고 싶다.

보수동 책방골목

콤콤한 헌책 냄새
발길을 잡아끈다

못다 한 이야기가
그늘 속에 들어앉아

먼지 쓴
한때를 불러
빛을 따라 일으킨다

켜켜이 쌓여있는
판도라 상자 속에

잊혀진 삶의 조각
헤집고 톺아보면

하이네,
어깨 툭 치며
옛사랑을 데려온다

오늘, 나

손가락 꼽아 가며
세어야 할 허공이면

식구들
손가락을
다 모아도
어림없다

묵주를 밤새 돌리며
빈 가슴을 다독인다.

수정처럼 밝은 밤*

군홧발로 달려드는 완장 찬 외눈박이
보이는 모든 것들 짓부수고 할퀴면서
말없이
잔뜩 움츠린 사람들을 끌고 간다.

싸움에 이긴 자의 광란을 어찌 멈출까
구멍 난 세포마다 칼바람이 들이칠 때
하루치
꼬리를 사려 산 너머로 숨는 해

어둠의 막을 찢는 커다란 유리 상자
마음 다친 여인에게 하늘이 보내주는
눈부신
광채의 시간, 천국 문이 열린다.

* 독일 화가 게하르트 뮐러의 그림.

옥희 생각

만남

오늘처럼 작달비가 창문을 두드리면
유난히 흰 얼굴에
티끌 한 점 없던 아이
스무 살 내 동무였던 옥희를 생각한다.

우정

부딪는 두 가슴에 봄앓이 가득하여
도막 글 단물 샘에
손 담그고 눈 맞추며
두 마리 해오라기는 찰지게도 재재댔다.

결별

숨통이 끊어졌다, 백혈병 화살촉에
너 없어 더 싸늘한
강의실 휭뎅하여

새하얀 고드름처럼 꼿꼿하게 서 있다.

추억

외론 맘 보고픔을 품었다 밀어내며
싯누런 푸섶길에
투미하게 혼자 남아
먹구름 떼 지어 오는 빈 들판만 바라본다.

여름 3제

1. 장맛비

자유 향한 오랜 갈증
하늘 물로 씻어 내고
바빌론 강가에 선
히브리 노예*처럼
누구도
보지 못하는 구름 속의 별을 헨다.

2. 언덕에서

조각구름 붙잡을 듯
한나절 내 춤을 추다
헤적이는 실바람에
팥죽땀도 씻고 닦아
푸새한
세모시적삼 매무새를 다듬는다.

3. 불꽃놀이

판도라 상자 열려
백두 한라 속보이고
녹이 슨 기다림도
찬란하게 타오를 때
펑 펑 펑
폭죽 소리에 휴전선도 우쭐한다.

* 바빌론에 노예로 잡혀 온 유대인들이 유프라테스 강가에서
   고향을 그리워함.

제3부
흐미, 초원의 노래

어떤 하루

그래서 경계선을
뒤뚱이며 밟고 섰나

속내 감춘 얼굴 보고
사무치는 아바이들

무심한
임진강 위로
물무늬만 요란하다.

양간지풍襄杆之風

식목일 불청객이 동해 양간* 휩쓸었다.

꽃과 잎 피울 산하 잿더미로 만들고도

아무 일 없었다는 듯 시치미를 뚝 뗀다.

* 강원도 양양과 간성 사이를 일컫는 말
  매년 봄이면 이 지역에서 부는 바람을 타고 화재가 자주 발
  생한다.

아버지의 난분

눈물 젖은 화분 속엔 한 생애가 피어 있다.

난蘭처럼 살고 싶다던 팔십 년 익은 말씀

그 소리 가슴에 맺혀 눈물 꽃을 피우네.

아침 레시피

은가루 뿌린 듯이
물방울로 여는 새벽
힘줄 선 돋을별이
산마루로 올라서면
먼 숲에
숨탄것들도
동편 하늘 우러른다.

이른 아침 시장 골목
널따란 함지박에
콩나물 집어주는
지문 닳아 뭉툭한 손
그을린
얼굴일망정
웃음소리 새하얗다.

바닥 기는 달팽이를

난 화분에 뉘어 주고
어린 손자 손편지에
달뜨는 칠순 생일
어느새
환한 빛살이
가슴팍을 데운다.

강진, 동문주막

주막집 술청 위로 은빛 햇살 쏟아질 때
머루 같은 눈빛으로 손을 맞던 주모와 딸
엄동절嚴冬節 유형지流刑地에도 봄은 오고 있는가.

눈치라도 챌세라 다산茶山을 훔쳐보며
사모의 마음 가닥 사의재四宜齋에 쌓아놓고
잘 익은 홍시 다섯 개 방문 앞에 놓던 사람

천오백일 땀방울을 치맛귀로 닦아 내며
실학과 애민의 정 말없이 깨우던 맘
그 모녀 꽃으로 피어 연못가에 서 있다.

흐미*, 초원의 노래

초원에 터를 잡은 바람의 아들딸이
목울대에 깊이 박힌 심연深淵의 소리 뽑아
대륙에 아침을 연다,
제국의 그날처럼

나직하되 굵은 목청 말발굽을 일으키며
갓난아기 살찌우는 유르트**속 자장가
청청한 하늘 소리에
범접 못 할 땅 울림

달려도 지치지 않는 지상의 모든 것들
시나브로 흐려지는 몽고반점 다독이며
또 한 번 사자후 토할
칭기즈칸 부른다.

 * 몽골의 전통 음악인 가창 예술. 유네스코 무형문화재.
** 유목민의 원형 천막집.

아우라

무지개 걷어다가 꿰매고 푸새한 옷
회리바람 몰아치며 감친 솔기 흩뜨려도
아버지
에운 빛무리
가슴께를 여며준다

까치놀 끌어다가 마름질로 다듬은 옷
갈까마귀 들락이며 구기고 찢을 때면
아버지
내 곁에 서서
종일 액운 쫓고 있다.

아버지의 출산

스산한 된 바람에 문풍지가 떠는 새벽
아리랑 담배 개비 물었다 씹었다 하며
내뿜는 담배 연기가 용틀임을 하곤 했다.

카라얀 지휘봉이 교향악단 끌고 가듯
아버지 몽블랑이 자모子母들을 고를 때면
종이에 펜 구르는 소리 꿈결처럼 아득했다.

오랜 날 힘에 부쳐 활처럼 휜 중지 마디
불거신 둥근 펜혹 애빌 삐로 자라나고
질편히 흐르는 땀에 얼비치던 아침 동살

꿈속을 헤매 돌다 화들짝 깨고 보면
고봉으로 쌓여 있는 재떨이 담배꽁초
선잠 든 아버지 곁엔 원고지가 수북했다.

실낙원
 -카슈미르 고원에서

이명처럼 울려오던 피리 소리 그친 저녁
타다 만 들불 연기 어디론가 스러지고
차갑게
빛나는 별들
옹알이를 하고 있다

호리병에 담아 놓은 기억 다 꺼내지 못해
빈손으로 돌아서는 한 무리 사내들은
검질긴
들풀만 같은
아이들을 다독인다.

대답 없는 기도 소리 총칼 아래 찢기고
핏물 든 까치놀이 또 하루를 밀고 가도
밤 깊은
카슈미르의
아침은 아직 멀다.

실낙원 패러독스

여행 중 불시착한 지구란 푸른 별에
이제 더는 뵈지 않는
금발의 어린왕자
사막 끝 여우와 장미 신기루로 가물댄다.

초록 뱀이 데려다준 낯선 땅 서울에는
눅진한 숨소리가
불빛 아래 흥건하고
나무들 스러진 자리 멍 자국만 선명하다.

은하도 어둠 속에 길을 잃고 헤매는 밤
청소차 배기통이
천식으로 쿨럭일 때
깃 빠진 기러기 떼가 먼 우주를 날고 있다.

시조

모시풀도
톺고 톺으면
명주실
될까 몰라

단 한 벌 곤룡포 같은
천의무봉天衣無縫 꿈꾼다.

한 올씩
잇고 이으며
마무르는 더딘 손길.

잉어처럼

어비리魚肥里 저수지의 붉은 빛깔 잉어들은

아침 해 뜨는 소리 비늘로 들은 뒤에

저녁놀 풀리는 물에 하루를 배웅한다.

한밤중 졸음 겨운 별빛 서넛 찾아들면

버둥거린 지난날이 금세 지는 놀만 같아

점점이 붉은 울음을 동녘 하늘에 띄운다.

널 그리며

개펄 위를
나뒹구는
썰물 녘
파도 보며

너 떠난 그 바닷가 눈자위가 붉어질 때

벗었던
가슴 빗장이
덜컹대다 또 닫힌다.

시인 · 1

맨살에
하얀 속옷, 펜 하나 챙겨 들고

속엣것 다 끄집어내
상상 나래 펴는 것은

하늘에
올리는 기도
성심聖心 향한 분향이다.

목이 긴 민들레

곱게도 써 내려간 샛노란 편지 한 통
밤새도록 울었는지 눈가가 촉촉하다.
돋살 빛 가득 머금고 미소 살짝 품은 애인

더 이상 참지 못해 홀씨를 보내 놓고
근심이 하도 많아 하루 새 백발 됐네
들꽃도 사랑 병들면 저리 쉽게 늙는구나.

기다림 힘겹다고 울어본들 소용이랴
앞섶에 품고 있는 단심 하나 붙들고서
해질녘 바람을 잡고 편지 한통 건넨다.

세월호 인양 일지

세월도 녹이 슨다, 구멍 숭숭 저 몸뚱이

혼과 백 빠진 자리 바람만 넘나들고

무심한 파도덩이는
거품만 뱉고 있다.

갈매기 울음소리 절규인 듯, 호소인 듯

뒤뚱대는 수면 위로 환상통을 앓을 때

못다 한 그들의 말들
부표처럼 떠 온다.

빅토리아 목련

실핏줄 마디마디 바람에 에워싸여

혈관은 울음 울다 끝내는 피를 쏟고

새벽 밤 사위어 가는 하현달을 그리는가

새하얀 너울 쓰고 길가로 나온 여인

바람에 꺼질세라 청사초롱 받쳐 들고

누구를 기다리기에 어둔 골목 밝히시나.

비, 광시곡 狂詩曲 · 1

그 온갖 세포까지
물기가 흥건하다.

허공중에 얼크러진 빗방울 끌어모아

화증火症을
확 터뜨리듯
양철지붕 두드린다.

비, 광시곡 狂詩曲·2

흙무덤 다독이며
스며든 어젯밤도

물무늬 헤어가며
빠져든 오늘 밤도

눅눅한
속내를 감춘다,
군무群舞하는 음표들.

제4부
매미의 레퀴엠

아라비안나이트

맨해튼 찻집에서 아랍 왕자 만났네
왕위 계승 서열 1위 새물내 나던 얼굴
청혼에 장미 한 송이, 그 밤 환히 밝혔네

먼 사막 왕국 안에 한쪽 발 걸쳐 놓고
거울에 비친 얼굴 금관 슬쩍 씌워보며
가슴 속 불길을 따라 숨소리도 커졌네

이레 만에 스러진 그 여름 왕궁놀이
아라비아 꿈에 취한 모래수렁 빠져나와
환생한 세헤라자드 천일야화 쓰고 있다.

봄, 꿈

하늘에 닿을 듯이
개나리 팔 벌리고

밤, 새벽 갈릴 즈음
시빌*의 기도 소리는

그 옛날
요동 정벌 길
최영 장군 맘이다.

* 고대 그리스의 여자 예언자

발바닥에게

당겨진 시위인 듯
한시도 쉬임 없이

진자리 마다 않고
온몸을 떠받든다.

왕관도
모자라겠네,
불평 없는 너를 보면.

어둠의 미로

늦은 밤 골목길이
안개 속에 묻혀 있다.

이 길인가 저 길인가
신경 줄을 당겨 봐도

좀처럼 보이지 않는
미로 위의 슬픈 귀소

홍등가 불빛인가,
불그레한 속살거림

휘청대는 발걸음을
잡아끄는 손이 있어

웅크린 날갯죽지를

파드닥 다시 편다.

월광 소나타

진통하는 어스름을
털어내는 만삭의 달

사리 밀물
범람하듯
금빛 양수
툭, 터지면

동여맨
치마끈 풀고
에로스를 낳는다.

어미[母]

동그란 무덤가에
산새 알 삼형제가

엄마를
기다리며
뙤약볕에
조는 오후

피 묻은
어미 깃털이
실바람에 날린다.

모차르트와 브런치를

중세의 한 골목에서 모차르트 만났네.

햇살이 느루 퍼진 아침과 점심 사이

밤새껏 허기진 속을 선율로 달래준다.

빵과 치즈 샐러드가 하루를 활짝 열고

버금딸림 음표들이 춤을 추며 행진할 때

온종일 잠자던 심장이 북을 치며 일어선다.

요셉성당 앞 아기상자

강보에 둘러싸여
쌔근대는
뽀얀 아기

조그만 상자 안에
하늘을 차려 놓고

두 눈을
꼬옥 감은 채
엑소더스
꿈을 꾼다.

머슴

당신의 가슴살이
부풀어 올랐네요.

팽팽한 나주 볕살
한 뼘이나 움켜쥐고

긴긴 날
물살 가르며
노저어서 오느라

당신의 손과 발이
둥긋하게 휘었지요.

튼실한 누렁이소
흙더미만 바라보듯

죽도록

지고 온 삶을

내려놓기 힘들어서.

슈만*의 클라라**

두 뺨에 앉아 있는
음표의 유혹 쫓아

깃털 펜 휘갈기는
백마의 뜀박질은

기어이
맨살 비집고
불멸의 한 몸 된다.

 * 독일의 작곡가.
** 독일의 피아니스트, 슈만의 부인.

매미의 레퀴엠

눈부신 윤슬처럼
찾아온 처서의 밤에

흔적 하나 남기고서 날갯짓 스러진 뒤

생生과 사死
경역境域을 가로질러
들려오는 천상 울음.

록산느*의 탱고

생살 찢고 나왔는가, 가시 돋친 네 목소리
바람에 흩날리다 동강 난 핏줄 잡고
허공에
길을 내듯이 꼬리 끌며 스러진다.

동긋이 돌고 돌며 희짓는 몸놀림은
제 몸속 모든 앙금 씻고 푸는 춤사윈가
허기를
채우려 나는 모시나비 같구나.

불 꺼진 언덕길에 는개만 자욱하고
두 옥타브 넘나들며 출렁대는 불협화음
탱고 춤
선율을 타고 파리가 젖고 있다.

* 영화 '물랭루즈'에 나오는 댄서.

두루미의 사부곡 思夫曲

꽃금술 학 한 쌍이 자작나무 숲을 떠나
신들이 마련해 준 천상의 한 집에 들어
매일 밤 무도회 돌며 묵은 체증 날린다.

서른 밤 쿨럭이다 숨 멎은 몸뚱이를
뜨거운 눈물 모아 닦아 주던 그날 그 밤
볕 좋은 실개천 곁에 꽃잎 따다 봉분 괸다.

개상반 위에 앉아 웃고 있는 남편 사진
솔두루미 주둥이에 맺힌 이슬 털어내며
가슴팍 깃털 뽑아서 쓰고 있다, 연서를.

동지冬至에

길어진 밤의 꼬리 그림자로 흔들면서
눈보라가 데리고 온
솔가리는 덧쌓이고
누군가
부르는 소리
어둠을 열고 있다.

맵고 찬 칼바람이 가슴팍 치받아도
한 해 살이 같이 나눈
헛헛한 그대 상에
따끈한
팥죽 한 그릇
수라인 듯 차려 낸다.

꿀벌의 비행 飛行
　-탈북

마지막 한 점 남은 밀랍蜜蠟마저 빼앗기고

흑黑비에 젖은 날개 허기져 휜 등줄기

거먕빛 노을에 숨어 남녘 하늘 가른다.

꿈에 본 꽃밭 찾아 발 디딘 아랫녘 들

겹겹이 쌓인 먼지 바람결에 씻어 가며

활짝 핀 꽃잎에 누울 따순 봄을 그린다.

내 안의 너

물총새 자맥질도 수그러진 저문 강가

붉디붉은 잔물결 속 어른대는 너를 보면

울음은 가두어 두고 살라 한다, 저 물이

파도치는 그리움에 내 가슴도 흠뻑 젖고

뼛속 깊이 박혀있는 너라는 화인火印 위로

끝끝내 마르지 않을 긴 강물이 흐른다.

날다, BTS

일곱 개 별이 뭉쳐 일으키는 회리바람

휘적이는 몸짓 앞에 국경의 둑 무너진다.

드높은 한류의 물결 일어나는 새날 아침

영고迎鼓 동맹東盟 무천舞天에서 잉태된 흥의 나라

하늘 땅 맞닿은 곳 박수 소리 드높이며

아이돌 방탄소년단 무궁화로 피었다.

대구탕

펄펄 끓는 뚝배기 속
한 사내가 누워있다.
연해주, 캄차카를
한류 타고 넘나들며
얼붙은
겨울 바다를
맨살로 누비더니

거센 물살 휘감아도
지느러미 곧추세워
이역만 떠돌다가
살아서는 못 본 고향
회환 찬
카레이스키
눈빛마저 애섧다.

제5부
별의 노래

달래 혹은 애인

어떻게 건넜을까, 혹한의 눈보라를

가느단 바람 타고 달려온 햇살 한 줌

겨울때 씻어주느라 까치발로 분주하다.

달라지 않았어도 자꾸 주고 싶은 마음

뽀얀 다리에 감겨 늦도록 마주 보며

맵싸한 봄날의 온기 키스하듯 받고 싶다.

달, 이지러지다

찢어진 심장들이
고함치며 맞선 하늘

아무리 둘러봐도
월계관은 보이잖고

놀 짙은 광화문 광장
붉은 카펫 깔린다.

고개를 들어보니
구름에 가린 달이

바람 없는 경복궁을
절반도 못 비추고

뿌옇게 껍질만 남아

만삭滿朔으로 차오른다.

동백 앞에서

붉은 융단 펼친 궁전
수정 발을 드리우고

거문고 현絃고르듯
꽃술을 튕겨 보면

거먕빛
양수의 바다,
한 우주가 태동한다.

별의 노래

살아온 구석마다
겹겹이 적자인데

털고, 또 털어낼수록 빛 떨기만 쌓인다.

허공에 삐치는 붓질
못 본 척 눈 감으며

사막과 난바다를
뒤뚱대며 건너온 이

어스레한 황혼 얘기 새도록 듣고 싶다.

그 넓은 가슴에 안겨
스러질 순간까지

꿈 · 2

책갈피, 갈피마다
글자 속 퍼즐 놀이

한 줌의 들숨 따다
날숨에 포개 얹어

구름 위
던진 하소연을
공글리고 감친다.

오늘, 혹은

비단 풀 올올마다
한 땀 한 땀 수를 놓듯

점점이 흐트러진
팔만 초秒의 가닥 모아

조붓한
나의 하루를
고물고물 마름한다.

두 영웅

거친 숨 몰아쉬며
꺼져가는 신음소리
황사 낀 길바닥엔
시간이 묶여있고
수술 방
둥근 시계는
어김없이 돌고 있다.

촌각을 견디느라
깜박대는 불빛 마냥
세상은 열렸다가
까무룩히 또 닫힌다.
새하얀
가운에 피어
얼룩진 땀의 송이

골든아워 움켜쥐고

바다 건넌 석해균 선장
메스와 봉합사로
숨길 잇는 이국종 교수
두 사내
힘찬 걸음이
새 날을 열고 있다.

두 개의 슬픈 선율

수려한 겉모습의 숫사슴 걷고 있다.

적들이
둘러싸고
수런대며
희짓다가

모질고 긴긴밤 내내 된 발톱에 찢긴다.

들판에 퍼져 나는 울음소리 먹먹해도

휘모는
칼바람에
깃 세워
마주 서서

어미는 새끼를 품고 제 살점을 떼 먹인다.

게와 아이들
　-이중섭을 생각하며

치솟는 보고픔에 바닷가 서성일 때
두 뺨을 때리듯이 빗방울이 내리치고
가위손 게의 이빨이 가슴골을 헤집는다.

낯익은 살 내음을 진종일 킁킁대며
은지銀紙에 손톱으로 아이들을 불러내면
서귀포 불면의 밤이 무채색으로 익어간다.

휘어이 둘러 봐도 태현, 태성 간데 없고
질척이는 파도소리 두 귀를 갉아 대면
그림에 돛배를 띄워 현해탄을 건넌다.

2월, 비엔나

어쩌면 다시 못 볼 하늘을 우러른다.
희디흰 꽃잎 같은 눈송이가 흩날리고
누가 준
선물이던가,
은빛 성가(聖歌) 부른다.

정오의 종소리가 옥타브를 넘나들며
표표한 즐거움에 쩌릿해진 이국의 한때
비엔나
골목 끝에서
함박눈과 춤을 춘다.

가을, 그리운

볕 좋은 뒤뜰 한쪽
벌어 터진 붉은 석류

얼마나 사무치면 앙가슴 저리 터질까

자줏빛 눈시울마다
눈물 그렁 맺힌다

초록만 남겨둔 채
떠난 계절 불러내듯

만 갈래 시름 가지 빈 하늘 찔러대고

돌담 위 잠자리 한 마리
사색만 깊어간다

가시버시

연연히 숨었던 정 상사화로 벙글던가
헐렁한 웃옷자락 매무새 가다듬으면
따순 피 도는 길 따라 돌아오는 한나절

밀꽃 위 상제나비 옥신각신 깃 고르고
맥놀이로 팔딱이는 피돌기 멈춰 서면
다시금 불씨 퍼 올려 함께 걷는 꿈을 꾼다.

가는 잎 할미꽃

사무침의 절규가
핏빛으로 솟구치는

골고다* 언덕길에
함성처럼 활짝 핀 꽃

하얗게
사위는 밤을
십계판十誡版에
묶고 있다.

* 예수가 처형된 곳

空 · 2

하늘은 없으면서
있는 듯 푸르르고

바람은 있으면서
없는 듯 투명해서

손 안에
꼭꼭 잡힌 것
반야경이 반짝인다.

DMZ, 하늘을 품다

1. 지뢰

철조망 가득 메운 색색의 리본들이
산나물 뜯으려다 하늘로 날아오른
두 여인 설운 넋두리 흐느끼며 전한다.

운무 낀 산허리에 온종일 걸터앉아
두 산하 바라보며 몸을 떠는 비둘기 한 쌍
가을비 젖은 날개를 지뢰밭에 털고 있다.

2. 펀치볼(PunchBowl)

핏빛 땅 고르면서 주운 탄피 두 가마니
수만의 젊은 꽃잎 펀치볼에 뉘어 두고
노병老兵은 목발을 짚고 둘레 길을 서성인다.

고봉高峯에 안겨있는 둥그런 화채 그릇

주름진 한나절이 똬리를 틀고 앉아
아들이 숨은 곳에서 가슴치며 울먹인다.

3. 철원 평야

현무암, 풍화토에 비단이불 깔리던 날
두루미 선발대가 새하얗게 다녀가면
하늘을 뒤덮는 소리, 왕궁의 꽃놀이다.

한겨울 모인 식구 수백만 넘쳐나도
이념의 편 가름도 돌팔매도 없는 마을
철선鐵線이 동여맨 장벽 철새들이 헐고 있다.

4. 노동당사

뼈만 남은 건물 한 채 유령처럼 서 있다.

서슬 퍼런 고함소리 어느결에 스러지고
확성기 노랫소리만 암구호로 울려온다.

죽창을 깎아 들던 그 날의 긴긴 행렬
전사戰士들 기다리다 밤을 잃은 아낙네들
'어머니' 외마디 비명 환청으로 듣는다.

5. 한강 하구

연꽃이 드물게 핀 널따란 늪지 안에
고라니 한 마리가 도강을 시도한다.
그 무슨 특수임무를 명받은 건 아닐까

사는 게 한恨이라며 종종대던 뻐꾸기는
여름내 발품 팔며 호구조사 마쳤는지
건너편 멧새 둥지에 탁란托卵하러 가고 있다.

오려나, 봄은
  -영화<스포트라이트(spotlight)>를 보고

십자가 제대 앞에 웅크린 여자아이
검은 손 밀어내며 혼절했던 날을 안고
사제들 웃음 너머로 속울음을 삼킨다.

육신보다 더 무거운 어둠을 짊어지고
희뿌연 촛불 아래 안간힘 써 저민 발끝
가슴 안 불길을 잡아 하늘 문을 두드린다.

따순 피 돌고 돌아 새살이 돋는 날은
담장 밑 개나리도 샛노랗게 일어서서
못 이룬 꿈을 엮으면 다시 올까, 아침은

베아트리체를 위한 발라드

새들도 깃을 접는 서늘한 밤이 오면
정화수 한 조롱박 두멍에 담아 놓고
가느단 별빛 아래서 그대와 마주한다.

차가운 물방울이 정수리 가운데로
고였다 흐르면서 끝말잇기 놀이하듯
오선지 오르내리는 그대 맑은 목소리.

때맞춰 유성 하나 살며시 내려앉아
새하얀 물초롱꽃 건반처럼 두드리면
마단조 여린 발라드 새벽하늘 울린다.

카레이스키 환상곡

주름진 다갈색 뺨 아흔네 살 할머니가
투명한 유리잔을 두 손으로 감싸쥔다.
보드카 홀짝이던 밤 그날 다시 떠올리며.

보따리에 지고 왔던 아픔을 싸둔 채로
움막 같은 집을 짓고 눌러앉은 저 황무지
강 진펄 갈밭 수렁을 옥답으로 일궈냈다.

찬바람 이는 눈길, 느닷없이 찾아온 이별
긴긴날 울고 웃다 마침내 잠든 그곳
알마티* 돌비석 위에 아리랑을 새긴다.

춥고도 깜깜한 밤 꽃 피는 봄을 그려
광야가 불러주는 별의 노래 듣고 있다.
그 노래 초원을 돌아 반도 하늘 찾아가네.

* 카자흐스탄(Kazakhstan) 공화국의 옛 수도.

■평설

그리움, 그 싱그러운 생명의 울림
-최은희의 시조의 시세계와 표현기법

이석규(시조시인)

1

　최은희는 밝고 지성적이며 여러 분야에서 재능과 능력이 뛰어난 사람이다. 원래는 성악을 전공하고 오랜 세월을 성당에서 성가대를 지휘해온 음악가인데, 어떤 인연의 물결이 인도하였는지 시조시인으로 등단을 했다. 사실은, 문인 학자의 가문에서 인문학적 사고와 삶이 이미 몸에 배어 있었는데도, 오히려 문단에 들어온 것이 너무 늦었다고 하는 것이 정확한 표현일 것이다. 그는 센스와 재치를 겸한 뛰어난 화술과 밝은 성품으로 주변사람들과 관계를 맺음에도 탁월하다. 또한, 그가 속해 있는 사단법인 한국시조협회의 주요임원으로서 일 처리가 빈틈이 없고 성실하기 그지없다. 특히 협회의 중요한 행사의 사회를 도맡아 진행하고 있는데, 어떤 프로 사회자들보다도 더 명쾌하며, 재치와 품위를 갖춘 명사회로 유명하다.

그러나 필자는 무엇보다도 그의 시적 자질이 뛰어나다는 사실을 강조하고 싶다. 이미 그의 작품이 상당한 수준에 이르렀음에도, 계속 발전하는 모습을 보이고 있다. 어디까지 갈지 지켜보고 싶다. 또한 그의 시조를 읽어보면 그의 시세계, 가치관과 정체성 등이 확고부동하게 자리 잡고 있음을 알 수 있다.

이제 그의 시조에 나타난 시세계를 비롯하여 이미지 창출 및 시적 언어의 운용에 대한 예술적 관점을 두루 살피고 조명하고자 한다.

2

그리움

최은희의 시 세계를 이루는 심리적 정신적 첫 번째 질료는 그리움이다. 많은 시인들이 비슷한 측면을 가지고 있지만, 그 원인과 결과를 통하여 어떤 정체성을 어떻게 드러내고 있는가를 살펴보는 것은 참으로 흥미로운 일이다.

우정

부딪는 두 가슴에 봄앓이 가득하여
도막 글 단물 샘에 손 담그고 눈 맞추며
두 마리 해오라기는 찰지게도 재재댔다.

추억

외론 맘 보고픔을 품었다 밀어내며
싯누런 푸섶길에 투미하게 혼자 남아
먹구름 떼 지어 오는 빈 들판만 바라본다.
「옥희 생각」 4수 중 2, 4수

「옥희 생각」은 '만남', '우정', '이별', '추억'이란 소제목을 달고 있는 네 수로 된 연시조인데, 위에 인용한 것은 그중 둘째 수와 넷째 수 곧 '우정'과 '추억'이다.

둘째 수는 말 그대로 순수하고 감정이 풍부하던 스무 살 무렵 친구와의 우정을, 여성이 특유의 감수성으로 섬세하게 그려내고 있다. '봄앓이', '도막 글', '단물 샘'…. 어휘마다 구절마다 우정이 착착 묻어난다. 더구나 종장의 "두 마리 해오라기는 찰지게도 재재댔다"는 비유적 이미지로서, 두 사람의 다감하고 살가운 우정을 감각적으로 실감 나게 살려내고 있다.

넷째 수는 그렇게 친하고 각별했던 벗에 대한 그리움을 앓고 있는 장면이다. 친했던 만큼, 소중했던 만큼 더 아프고 더욱 보고 싶다. 그런 생각의 흐름을 초장에서 "외론 맘 보고픔을 품었다 밀어낸다"라고 한다. 관념의 구체적 시각적 표현기법으로 쉽고 적절하여 공감을 불러일으키기에, 충분하다. 종장은 먹구름 떼 지어 오는 빈 들판에 혼자 남아있는, 그리움뿐 아니라 막막한 외로움에 처한 화자의 모습을 리얼하게 보여주고 있다.

    실로 최은희는 어린 날의 감수성을 그대로 지니고 있다. 아니 지금도 그 속에 살고 있음이다.

> 물총새 자맥질도 수그러진 저문 강가
> 붉디붉은 잔물결 속 어른대는 너를 보면
> 울음은 가두어 두고 살라 한다, 저 물이
>
> 파도치는 그리움에 내 가슴도 흠뻑 젖고
> 뼛속 깊이 박혀있는 너라는 화인火印 위로
> 끝끝내 마르지 않을 긴 강물이 흐른다.
> 　　　　　　　　　　　　　　「내 안의 너」 전문

    첫수 초장, "물총새 자맥질도 수그러진 저문 강가"는 묘사적 이미지다. 그러나 그냥 묘사에서 끝나는 것이 아니라, 어둠이 내리는 강가의 외롭고 쓸쓸한 분위기를 암시적으로 조성한다. 중장에서는 노을이 반사되어 붉디붉은 강물, 그런데 뭔가 어른거린다. 어둠이 내리는 저녁 강물은, 강물의 흐름인 동시에 화자의 상념의 흐름이다. 그리고 그 상념은 이 시간, 이 공간에 부재하는 '너의 모습'을 지향하고 있다. 도저히 막아낼 수 없는 줄기찬 물결처럼.

    시의 화자는 절제하라고 한다. 최소한 눈물만은 흐르지 않도록 가두라고 한다. 그런데도 그 상념은 절제 위로 넘친다. 다시 절제하고 또 넘쳐흐르는, 그것이 내 안에 살고 있는 '너'의 실존이다. 뼛속에 화인으로 찍힌 '너'가 강조된 둘째 수까지, 영원히 마르지 않을 것 같은 그리움의 흐름이 작품 전체를 압도하고 있다.

> 바람도 몸을 떠는 엄동의 산자락에
> 살 에는 그리움이 도리질을 하고 있다
> 누굴까
> 숲의 심장을 이토록 저미는 이
> 　　　　　　　　　　「외바퀴」 두 수 중 첫 수

  사실 그리움은 고통이다. 그러나 고통 중에 가장 아름다운 고통이다. 아무리 힘들어도 그것이 없으면 삶의 의미가 없다고 느끼게 하는 그런 고통이다. 한편 그리움은 대상의 빈자리를 채우고자 하는 열정의 물결이다. 대상의 부재를 아파하고 물리적으로 영적으로 함께하고자 하는 간절한 바람이다. 그러므로 편안한 마음으로 가장 소중한 대상에 대한 생각을 않느니, 아무리 괴롭더라도 한없이 생각하고 빠져드는 쪽을 택하려는 것이 그리움을 대하는 인간의 속성인 것이다.
  엄동의 산자락을 바람이 요동질 친다. '숲의 심장을 저미는' '살을 에는' 바람과도 같은 그리움이다. 오죽하면 '너'를 찾아 "굴리는 기억의 바퀴, 간절한 소망의 바퀴"를 '외바퀴'라고 했을까? 너를 찾아 합일을 이룰 때까지 나의 진실은 불완전할 뿐이다. '외바퀴'에 불과하다는 것이다. 이

중 삼중의 은유와 암유, 그래도 부족한 그리움의 여운이 행 밖까지 휘몰아친다.

　이밖에도 그리움을 노래하는 시조는 많이 있다. 그런데 이처럼 풍성한 시인의 그리움은 어디로부터 시작되고 있으며 어떤 속성과 자질(features)을 지니고 있을까?

아버지

　　세 뼘 네 뼘 깊어진 어둠 별빛도 잠든 새벽

　　땅끝에 버려진 듯
　　혼자인 나의 곁에

　　눅진한 아버지 향기
　　온 밤을 다 적신다.

　　앞뜰에 가득 뻗은 라일락꽃 그늘 아래

　　곰삭은 속엣말로
　　구메구메 짓던 얘기

　　오늘 또 그에게 잡혀
　　날 새도록 듣고 있다.
　　　　　　　　　　　　　　　　　　「아버지」 전문

하늘이 주신 특별한 인연으로 맺어진 아버지라는 존재는 이 세상에서 제일 먼저 만나는 두 분 중에 한 분이다. 태어나는 그 순간부터, 아니 그 이전부터 천륜이란 말로도 부족할, 인간의 가장 깊고 아름다운 사랑의 관계가 형성되어 있었다. 그러나 모든 만남은 시작하는 순간부터 이미 헤어짐을 잉태한다. 세월이 가면 당연히 시공간이 다른, 그래서 함께할 수 없는 시기가 오고, 그 다음에는 당신의 부재와 상실의 아픔을 겪게 마련이다.

최은희에게 아버지는 어떤 분이셨을까? 누구나 부모를 생각하고 그리워하지만, 이 작품에서 화자는, 별이 이울고 새벽이 오도록 잠들지 않고 아버지의 향기 속에 거하는 모습을 보여준다. '땅끝에 버려진 듯'한 외로움 속에서도 틈만 나면 이야기를 지으시던 아버지의 모습과 그 이야기 속에 빠져 있다. 그리움에 잠겨 있는 것이다. 다행히 인간은 저 세상 분을 이 세상에서 만나는 따위의 완전불가능한 일은 체념할 줄도 안다. 따라서 그분의 생각에 잠겨 있는 것이 오히려 위안과 용기를 얻는 계기가 되기도 한다.

세상을 사는 일은 사람과의 교제와 사랑을 통하여 아름답고 풍요롭기도 하지만, 그러면서도 다른 측면은 고독이란 한계를 넘어서기가 그리 쉽지 않다. 그럴 때 언제나 단정하신 모습으로 다정하게 용기를 주시던 아버지에 대한 그리움은, 이야기뿐 아니라 그분이 묵묵히 보여주신 삶의 모습에서 무게가 더해진다.

"곰삭은 속옛말로 구메구메 짓던 얘기"와 같은 표현은 아버지에 대한 신뢰와 친근감을 극대화하는 표현으로 언어 사용의 묘미를 맛보게 해준다.

또 다른 시조 「아버지의 난분」에서는 "난蘭처럼 살고 싶다던 팔십 년 익은 말씀 그 소리 가슴에 맺혀 눈물 꽃을 피우네."라고 노래하고 있는데, 이 역시 같은 맥락에서 아버지에 대한 사랑과 흠모의 정을 흠씬 나타내고 있다고 하겠다.

수령 수백 년 넘는 아보카도 거목이 아버지가 이 세상을 떠나시던 날에 생을 마감한다. 최은희의 걸작의 하나인 「텅 빈 샌프란시스코」에서 화자는, 그것을 아버지의 보호수保護樹라고 칭하면서 아버지와 동일시하고 있다. 모든 것의 버팀목이었고 비빌 언덕이었던 거장과 거목이 동시에 스러져 간, 그리하여 사실상 아무것도 없이 텅 빈 샌프란시스코가 얼마나 슬프고 허전하며 외로웠던가를 절절히 고백한다.

    스산한 된 바람에 문풍지가 떠는 새벽
    아리랑 담배 개비 물었다 씹었다 하며
    내뿜는 담배 연기가 용틀임을 하곤 했다

    카라얀 지휘봉이 교향악단 끌고 가듯
    아버지 몽블랑이 자모子母들을 고를 때면
    종이에 펜 구르는 소리 꿈결처럼 아득했다

오랜 날 힘에 부쳐 활처럼 휜 중지 마디
불거진 둥근 펜혹 애벌 뼈로 자라나고
질펀히 흐르는 땀에 얼비치던 아침 동살

꿈속을 헤매 돌다 화들짝 깨고 보면
고봉으로 쌓여 있는 재떨이 담배꽁초
선잠 든 아버지 곁엔 원고지가 수북했다.
「아버지의 출산」 전문

   다시 말하지만, 최은희에게 아버지의 존재는 특별하다. 부친인 소설가 최태응 선생이 [전후파]를 비롯하여 [바보용칠이], [만춘] 등 수많은 명작을 꾸준히 발표했던 한 시대를 대표하는 소설가이기 때문만은 물론 아니다. 이 시조를 살펴보면 아버지의 집필과정이 생생하게 그려져 있다. 오늘날처럼 냉·온방을 포함한 모든 것이 다 디지털화한 집필 조건이 아니다. 문풍지가 우는 추운 겨울밤 웅크리고 앉아 술담배를 붙고 삭삭삭 소리를 내며 원고지를 한 자 한 자 골라 쓰던 시대다. 신들린 몽블랑 펜촉 구르는 소리가 들려오는 것 같다. 아버지는 마치 지휘봉 하나로 아름다운 교향곡의 세계를 구현해내던 카라얀처럼, 신들린 모습으로 허구의 세계를 구축해내곤 했다. 그렇게 밤이 새는 줄 모르고 땀 흘려 열정을 불태우던 아버지의 모습은 그의 뇌리에 지워질 수 없는 소중한 추억으로 남아 있을 것이다. 손가락에 생겨난 펜 혹은 물론, 고봉으로 쌓여 있는 담배꽁초는, 알

수 없는 인간의 신비를 창조해내는 아버지의 고뇌와 노력의 아이콘이다.

    당연히 아버지는 그의 영혼 깊숙이 각인된 영원한 사랑과 흠모의 대상이다.

    그리움의 연원은 보편적 인간 내면을 흐르는 불완전한 본성에 기인한다. 그리고 각자의 감성과 서정의 선율에 따라 흔들리며 저마다의 영혼을 상실의 고뇌 속에 놓아버리는 것이 그리움이다. 그런데 최은희는 이러한 일반적 그리움 위에, 아버지를 모델로 그 상실과 슬픔을, 용기와 안정을 얻어가는 과정으로 재창조하고 있음을 볼 수 있다.

    아버지의 성실한 창작 과정과 생활 모습은, 인간의 소중한 가치를 지키고 실현하기 위하여 수고와 고통을 극복해가는 과정에서 인간의 아름다움이 실현된다는 인식을 확고하게 심어준 것 같다. 그러므로 그것은 피해야 할 것이 아니라, 인간의 인간다움을 쌓아가는 필수 불가결의 과정이다. 진실로 선을 위한 수고와 고난은 그 자체로 아름답고 의미 있는, 인간 향상의 근본이 되는 성분이다.

    이것이 그의 애절한 그리움 속에서 형성된 가치관이요 또한 최은희 자신의 정체성으로 뚜렷이 자리매김하고 있음을 볼 수 있다.

3

수고와 고통

그리하여 최은희는 그의 시조 여러 곳에서 뭔가 아름다움을 위하여 수고와 고통을 감당하고 그것을 극복해내는 모든 것에 대하여 애정의 눈길을 보내며 찬사를 아끼지 않는다.

> 당신의 가슴살이 부풀어 올랐네요.
> 팽팽한 나주 볕살 한 뼘이나 움켜쥐고
> 긴긴날 물살 가르며 노 저어서 오느라고.
>
> 당신의 손과 발이 둥긋하게 휘었지요.
> 튼실한 누렁이 소 흙더미만 바라보듯
> 죽도록 지고 온 삶을 내려놓기 힘들어서.
>
> 「머슴」 전문

약지도 않고 민첩하지도 않다. 더구나 다툼과 권모술수 속에 닳아빠진 세상과는 완전히 다른 세상을 살고 있다. 끝없이 밀려오는 삶의 파도를 '누렁이 소가 흙더미를 바라보듯' 덤덤하게 받아들인다. '죽도록 지고 온 삶'을 '손과 발이 둥긋하게 휘도록' 노동으로 극복하며 살아왔다. 한 인생이, 정직하게 끝없이 수고하면서, 고통을 고통으로 여기지 않고 불평불만 없이 살아온, 수고로운 삶, 그 정직성과 성실함에 대한 존중과 찬사를 여기서 만나게 된다.

    당겨진 시위인 듯 한시도 쉬임 없이

    진자리 마다 않고
    온몸을 떠받든다.

    왕관도
    모자라겠네,
    불평 없는 너를 보면.
                                   「발바닥에게」 전문

    신데렐라 기다리는 댕그런 헝겊 구두
    하늘 향해 손 모으던 지난날 내려놓고
    휘어져 미늘 같은 발 마루판을 구른다.

    땀방울을 마중물로 온몸 적신 하루하루
    눈물과 웃음마저 허공에 뿌리면서
    쪽빛 꿈 한끝을 잡고 두 팔 벌려 뛰오른다.

    매듭과 매듭 사이 총총대며 길을 찾아
    못난이 마디마다 부르트고 박힌 옹이
    꼿꼿한 아라베스크 하나둘 산이 선다.
                                   「슬픈 발가락」 전문

  낮은 곳, 보이지 않는 곳에서 수고와 노동으로 고통받는 발바닥에 왕관이라도 씌워주고 싶다. 발레라는 아름다운 춤 예술을 구현해내는 준비과정에서부터 완성까지 그 공로를 오직 슬픈 발가락의 수고와 노동에 돌리고 있다. 그들을 이해하고 알아주며 따뜻이 감싸주는 모습이 엽렵한 옆집 누나 같다.

이처럼 최은희는 저 낮은 곳에서 우직할 정도로 열심히 노력하는 모든 대상의 수고와 노동의 가치를 진심으로 이해한다. 많은 사람의 시선이 높은 하늘을 향하고 있을 때, 낮은 곳에서 존재의 의무를 성실히 수행하는 것들에 대한, 시인 최은희가 드리는 고마움의 예찬이다. 이것이 그가 추구하는 바 아름다움의 본질이다.

> 골든아워 움켜쥐고 바다 건넌 석해균 선장
> 메스와 봉합사로 숨길 잇는 이국종 교수
> 두 사내 힘찬 걸음이 새 날을 열고 있다.
> 「두 영웅」 세 수 중 셋째 수

이 시조는 석해균 선장을 수술하는 과정의 긴박한 상황과 세상의 모든 영욕을 까맣게 잊고 오직 집도에만 전념하여 고난도의 수술을 성공해 내고야 마는 이국종 교수의 숭고하기까지 한 모습을 은유와 절묘한 언어 운용을 통하여 멋지게 형상화하고 있는 작품이다.

시인은 아무런 욕망이나 목적 없이 오로지 능력을 다하여 혼신의 힘을 다 쏟아내는 노력으로 생명을 살리고 사회를 밝히는 사람들에 대하여, 재해석하고 이들의 가치가 얼마나 소중한가를 자랑스럽게 세상에 다시 알리고 싶은 것이다. 그런 분들이 사회적으로 대우를 덜 받거나 존중을 받지 못하는 현실을 안타깝게 여기고, 그들에게 아낌없는 찬사와 갈채를 보내고 있다.

고난과 희생 그리고 사랑

사랑이란 생각과 행위와 마음으로서 실존한다. 그러나 이들이 자신을 위한 것이라면 그것이 아무리 순수하고 절절함을 지니고 있을지라도 사랑이라고 할 수 없다. 아니, 절실하면 할수록 사랑과는 거리가 멀다. 그것은 순전히 육체적인 본능에서 우러나는 욕망이기 때문이다. 그런 사랑은 누구나 하는 것이다. 그러나 그것이 '자신'이 아닌 '대상'을 위한 것이라면, 비로소 사랑이란 영역에 속하게 된다.

사랑이란 '나'를 초월하여 자식이든 부모형제든, 벗이든 이웃을 포함하여 내가 아닌 타인을 이해하고 보살피는 행위, 양보하고 용납하고 용서하는 마음 그리고 그 대상을 존중하여 아름답고 행복하게 만들어 주고 싶은 간절한 생각, 행위, 마음이 사랑이다. 그것이 사랑의 본질이다. 그러니까 사랑은 언제나 '나'를 초월하는 데서부터 출발한다.

수려한 겉모습의 숫사슴 걷고 있다

적들이
둘러싸고
수런대며
희짓다가
모질고 긴긴밤 내내 된 발톱에 찢긴다

들판에 퍼져 나는 울음소리 먹먹해도
휘모는
칼바람에
깃 세워
마주 서서
어미는 새끼를 품고 제 살점을 떼먹인다.
「두 개의 슬픈 선율」 전문

 사람도 아닌 동물에 불과한 사슴의 무리가 절체절명의 위기에 놓여 있는 상황에서, 수컷은 수컷대로 가장으로서, 암컷은 암컷대로 어미로서 자신의 생명을 기꺼이 희생하는 모습을 그리고 있다. 그렇게 마지막 순간까지 가족을 그리고 새끼를 살리려 최선을 다한다. 자신의 능력으로는 어떻게 할 수 없는 맹수로부터 그들의 생명과 진실과 이야기를 지키기 위하여 자신을 한 점 한 점 찢기고 저미는 희생하고 기꺼이 감내하는 것이다. 모든 고통과 고난 앞에서 생명의 한계를 넘어서 사랑을 이루어 내는 사슴 한 쌍의 애달픈 모습 앞에 저절로 머리가 숙어지는 장면이다. 이러한 현실을 어떻게 수용하고 실현하는가는 그다음 문제고 '세령

世㥧'이라는 지성적이고 아름다운 아호를 가진 최은희는 시인의 가치관을 충분히 엿볼 수 있는 작품이다.

「크리스마스 섬의 성탄제」에서도 홍게의 외롭고 힘겨운 현실 속에서 생명이 다하는 순간까지 생명의 한계를 넘어선 노력으로 자신의 사명을 지켜나가는 삶의 모습을 멋지게 형상화하고 있는데, 위의 작품과 같은 맥락에 속한 작품이다.

> 동그란 무덤가에 산새 알 삼형제가
>
> 엄마를
> 기다리며
> 뙤약볕에
> 조는 오후
>
> 피 묻은 어미 깃털이 실바람에 날린다.
>
> 「어미母」 전문

세상은 힘들다, 마음대로 되지 않는다. 비극과 슬픔으로 가득하다.

그런 속에서 나약하기 그지없는 존재들은 그들 앞을 가로막는 무지막지한 운명에 대하여 지혜와 능력을 다하여 피하거나 극복하려 한다. 최후의 수단까지 다한다. 그리고 마침내 기꺼이 자식을 위해서 목숨을 바친다.

이 시조는 이러한 상황을 슬쩍 비켜서서 암시한다. 시적 표현에서 이처럼 비켜서는 수법을 활용하는 경우가 종종 있다. 그리고 많은 경우가 정면 대결하는 표현보다 더 효율적이고 여운도 남는다. 이 시조는 어미의 희생을 슬쩍 암시하며 지나친다. 그런데 독자들은 어미의 죽음에 가슴이 서늘해지며, 더구나 아직도 살아남아서 엄마를 기다리는 알들에 대한 애틋한 여운을 삼킨다.

대상을 위하여 자신의 생명을 내주는 것은, 그것은 희생 중에서도 가장 큰 희생이다. 성경에서도 친구를 위하여 생명을 내주는 것은 큰 사랑이라고 했다. 어쩌면 사랑이란 말에는 희생이란 의미자질semantic features이 내포되어 있는지도 모르겠다.

이렇듯 최은희 시인은 곳곳에서 사랑을 노래하고 있다. 진정 사랑을 아는 사람이다.

4

순수

    티끌 하나 묻지 않은 꽃잎을 활짝 벌려
    얼레지 솜나물도 기지개 켠 봄날 아침
    때 이른 호박벌 소리 사이렌을 켠 듯하다.
               「철원, DMZ를 가다」세 수 중 둘째 수

DMZ 현장을 살피며 철조망으로 바리케이드를 치고 있는 전선과 그곳을 지키는 무장군인들의 모습을 그리고 있다. 그러나 필자는 동시에 70여 년 동안을 사람이 범하지 못한 무인의 땅에 펼쳐지는, 태곳적 순수를 지닌, 자연의 모습에 저절로 시인의 눈길이 스치는 순간을 언급하고 싶다. 그것은 이러한 순수와 진실이 공존하는 세상에 대한 무언의 사랑이요 예찬이다. 그가 시인으로서 때 묻지 않은 인간과 자연과 하늘의 근원적 모습, 곧 창조의 순수한 원적지를 얼마나 추구하고 사랑하는지를 보여주는 일면이라 하겠다.

낭만과 서정

　　어떻게 건넜을까. 혹한의 눈보라를
　　가느다란 바람 타고 달려온 햇살 한 줌
　　겨울 때 씻어주느라 까치발로 분주하다.

　　달라지 않았어도 자꾸 주고 싶은 마음
　　뽀오얀 다리에 감겨 늦도록 마주보며
　　맵싸한 봄날의 온기 키스하듯 받고 싶다.
　　　　　　　　　　　　　　「달래 혹은 애인」 전문

　　봄이 왔나 보다. 햇볕이 따뜻하다. 언 땅을 어떻게 뚫었을까? 여리디여린 달래가 혹한의 틈새로 비추는 봄 햇살을 고루 받으려고 '까치발로 분주하다.' 얼마나 어여쁘고 생생한가? 얼마나 천진한가? 그리하여 봄 햇살과 달래는 어느새 너와 나다. 그리고 나와 너다. 서로가 서로에게 주고 싶고, 받고 싶다. 서로가 상대 없이는 살 수 없는 타고난 정인이요 천생의 연인이다.

모든 생명이 손잡고 함께 누려야 할 당연한 기쁨 속에, 봄 햇살과 연약한 달래의 구체적 만남 속에, 시인의 애틋한 감성이 그림같이 투영되고 있음을 본다.

> 치솟는 보고픔에 바닷가 서성일 때
> 두 뺨을 때리듯이 빗방울이 내리치고
> 가위손 게의 이빨이 가슴골을 헤집는다.
>
> 낯익은 살 내음을 진종일 킁킁대며
> 은지銀紙에 손톱으로 아이들을 불러내면
> 서귀포 불면의 밤이 무채색으로 익어간다.
>
> 훠어이 둘러 봐도 태현, 태성 간데 없고
> 질척이는 파도 소리 두 귀를 갉아 대면
> 그림에 돛배를 띄워 현해탄을 건넌다.
> 　　　　　　　　　　　　「게와 아이들」 전문

'이중섭을 생각하며'라는 부제가 붙은 이 시조는 처음부터 낭만이 출렁거린다. 두 뺨을 때리는 빗방울과 가슴골을 헤집는 서정의 선율 때문에, 화자는 돛배로 현해탄을 건너기까지 멈출 수가 없다. 과정마다 생명력 넘치는 언어의 향

연이 싱그럽기 그지없다. 내면에 흐르는 서정을 이처럼 윤기 흐르는 시어로 표현하기란, 시인의 독특한 센스와 풍요로운 심미적 감수성 말고는 설명하기가 쉽지 않다. 그러면서도 적절한 절제력으로 균형을 잃지 않는다.

  최은희는 원래 성악을 공부한 성악가답게, 그리고 시인답게 여행길에 중세 유럽의 한 거리에서 모차르트를 만나면, '잠자던 심장이 말끔히 잠을 깨어 북을 치며 일어'선단다. 그의 새날은 그렇게 열린다「모차르트와 브런치를」. 한편 맨해튼 찻집에서 아랍 왕자를 만나서는 '거울에 비친 얼굴에 금관 슬쩍 씌워보며', '환생한 세헤라자드가 되어, 스스로 새로 쓰는 천일야화의 주인공이 되기도 한다「아라비안 나이트」. 이처럼 그의 낭만과 감성은 이미지로 창출되는 비유의 조화 속에서 태곳적 바다물결처럼 싱싱하고 천진스럽게 출렁거린다.

  그의 시조를 통하여 만나는 정신세계와 수많은 이야기들은 순수하고 다정하다, 아울러 견문과 식견의 넓고 탁월함에 감탄이 저절로 나온다.

  이미지
    햇살을
    얇게 저며 은사銀絲를 입히듯이

    조선 도공

    그 손길로 가을을 다듬으면

    구름 빛
    품은 꿀통이
    달항아리로 다시 설까.
                                    「곶감」 전문

　곶감의 표면을 싸고 있는 흰 가루와 곶감을 만들어내는 계절의 정성어린 손길 그리고 꿀맛 같은 그 맛을, 햇살과 은사, 또는 조선 도공의 손기술, 그렇게 해서 만들어낸 꿀을 담고 있는 달항아리까지, 이중 삼중의 비유를 통하여 복합적인 이미저리를 멋지게 창출해 내고 있다. 짧디짧은 단시조의 안에서 터질 듯이 모여 있는 이미지들이, 단시조 형식의 한계를 넘어서고 있다. 그런데도 자연스럽다.

    진통하는 어스름을
    털어내는 만삭의 달

    사리 밀물
    범람하듯
    금빛 양수
    툭, 터지면

    동여맨 치마끈 풀고
    에로스를 낳는다.
                                  「월광 소나타」 전문

쏟아져 내리는 달빛이 사리 때 밀물처럼 범람한다. 마치 양수가 터진 것 같다. 쏟아져 내리는 황금빛과 그것의 음률이 다소 관능적 모습을 띠고 새로운 생명의 이미지를 출산한다. 매우 심미적이고 감각적인 이미지 창출이다.

> 콤콤한 헌책 냄새 발길을 잡아끈다
> 못다 한 이야기가 그늘 속에 들어앉아
> 먼지 쓴 한때를 불러 빛을 따라 일으킨다.
>
> 켜켜이 쌓여있는 판도라 상자 속에
> 잊혀진 삶의 조각 헤집고 톺아보면
> 하이네, 어깨 툭 치며 옛사랑을 데려온다
> 　　　　　　　　　　　　「보수동 책방골목」 전문

헌책들이 켜켜이 쌓여있는 헌책방을 화자는 수많은 삶의 이야기를 담고 있는 '판도라 상자'에 비유한다. 뚜껑을 열면, 사랑과 지혜와 삶의 이야기들이, 그리고 모든 생명이 일제히 부스스 눈을 뜨고 일어날 것만 같다. 헌책방의 편안하고 익숙하고 그러면서도 깊이를 지닌, 세상의 역사가 한쪽 눈만 슬쩍 뜨고 잠들어 있는 작은 우주를 구석구석 탐색한다. 문득 누군가가 일어선다. 다가온다. 하이네. "하이네가 어깨 툭 치며 옛사랑을 데려온다." 참으로 멋진 이미지 창출이다. 구체적이고, 개인적이다. 일순에 콤콤한 냄새에 갇혀 있던 수많은 사랑이, 그리움이, 진실이 함께 아우

성치며 깨어 실존으로 살아난다. 그야말로 환유의 찬란한 유희요, 현대시조의 절창 한 절이다.

5

　최은희 시조집 『호미, 초원의 노래』의 원고를 살펴보게 되었을 때의 첫인상은 어휘가 매우 풍부하다는 것이었다. 흔히 쓰이지 않는 토착어, 고유어까지도 폭넓게 알고 있을 뿐 아니라, 그것을 적재적소에 정확히 사용하고 있었다. 그 중에 손에 걸리는 대로 고유어 몇 개만 열거해도 거먕빛, 토렴하다, 톺다, 검질기다, 구메구메, 푸새하다, 메숲지다, 숨탄것, 투미하다… 등 참으로 다양하고 많다. 그리고 서양 신화나 역사, 예술과 관련 어휘도 많이 등장한다. 이는 동서양을 아우르며 여러 방면의 식견의 풍부함을 보여주는 것이다.
　최은희의 시 세계는 근원에 대한 그리움에서 출발한다. 그리하여 그 그리움은 지금은 만날 수 없지만 친했던 사람들, 마음 깊이 사랑했던 사람들에 의해서 구체화된다. 그런데 그 상실과 슬픔, 곧 그리움을, 최은희는 아버지를 대상으로 내면화하면서, 용기와 안정을 얻어가는 과정으로 재창조하고 있다. 아버지의 바르고 성실한 창작 과정과 생활 모습에서 영향을 받은 것으로 보인다. 그 결과 인간의 소중한 가치를 지키고 실현하기 위하여 수고와 고난을 극복해 가는 과정에서 인간의 아름다움이 실현된다는 가치인식이 그의 시조 여러 곳에서 분명하게 드러나고 있다.

또한, 인간의 한계를 넘는 절망적 상황에서 자기를 희생함으로써 사랑과 진실을 이루어 내는 모든 것에 대하여 진정으로 사랑과 찬사를 보낸다. 이것이 그의 애절한 그리움 속에서 형성된 가치관이요 또한 최은희 자신의 정체성으로 확고하게 자리매김하고 있음을 볼 수 있다. 실제로 한 사람이 진실을 위하여, 아름다움을 위하여 목숨을 걸고 수고하고 고난을 감내하면서 뭔가를 이루어 낼 수 있다면, 얼마나 의미 있고 멋진 인생이겠는가! 인간 본래의 품성을 잃어버리고 허영과 거짓의 물결에 소중한 영혼을 흘려보내는 현실에서 말이다.

또 한 가지, 지면 관계로 본문에서는 언급을 안 했지만, 최은희 시인은 국가와 민족에 대한 사랑이 남다르다. 「카레이스키 환상곡」, 「발해를 가다」, 「유랑의 노래」 그리고 「흐미, 초원의 노래」 등에 그의 간곡한 충정이 잘 드러나 있다.

그는 시인으로서 매우 지성적이고 감정이 풍부하며 감수성이 살아 있다.

그의 시조에는 순수한 서정과 낭만이 출렁거린다. 섬세하게 예술적 묘미를 살려내는 언어 운용은 그의 재능과 자질을 생생하게 드러내 준다. 그가 그려내는 이미지나 이미

저리들은 지극히 구체적이고 감각적이다. 원관념을 극적으로 드러내기 위하여 보조관념을 찾아내는 직관과 상상력이 매우 기발하고 창의적이다. 그러면서도 자연스럽고 아름답다.

  요컨대, 최은희는 뛰어난 시조시인이다. 그런데 중요한 것은 아직도 발전이 계속되고 있다는 점이다. 앞으로 시조계의 거목으로 성장하여 시조 발전에 크게 기여할 것으로 기대하며, 건투를 빈다.

최은희

최은희 시인은 대구에서 태어나서, 가톨릭대학에서 성악을 전공하고,
미국 SFC of Music에서 수료했다. 시부문과 시조부문으로 등단하여
한국문인협회, 시조문학진흥회 회원으로 문단 활동을 하고 있으며,
(사)한국시조협회에서 홍보국장 겸 사무차장직을 맡고 있다.
시조세계화 추진위원으로 시조 유네스코등재추진위원회
사무국장직을 맡고 있다. 2018년도에는 <한국시조협회문학상>
대상을 수상했다.

호미, 초원의 노래

1판 1쇄 발행 2019년 11월 20일

지은이 | 최 은 희
펴낸곳 | 열린출판
등록 | 제 307-2019-14호
주소 | 서울특별시 강북구 도봉로 308, 8층 R883호
전화 | 02-6953-0442
팩스 | 02-6455-5795
진자우편 | opcn2019@daum.net
디자인 | SEED디자인
인쇄 | 삼양프로세스

ⓒ 최은희, 2019

ISBN 979-11-966435-3-9 03810

*책값은 뒤표지에 표시되어 있습니다.
*저자와 협의하여 인지를 생략합니다.

이 도서의 국립중앙도서관 출판예정도서목록(CIP)은
서지정보유통지원시스템 홈페이지(http://seoji.nl.go.kr)와
국가자료종합목록시스템(http://www.nl.go.kr/kolisnet)에서
이용하실 수 있습니다. (CIP제어번호 : CIP2019039392)